CAMINHOS DO JORNALISMO POLICIAL

Jean Cardoso Mendes
Capa: Andressa Amorim

Aos estudantes de jornalismo que se interessam, ainda na faculdade, pela editoria policial. No meio acadêmico, ele pode encontrar resistência por ter essa vontade. Esse livro pode dar uma noção para todos aqueles que têm essa ideia ainda nos primeiros passos como jornalistas;

À minha família, que sempre me deu conselhos durante os meus projetos e planos de carreira, em especial aos meus pais, Joaci e Evanilda Mendes, além do meu irmão, Jader Mendes;

À minha noiva, Luiza Bessa, amiga também nos momentos mais difíceis e incertos.

ÍNDICE

Página do título   1

Dedicatória   3

UM DIA NORMAL   7

LOCAL DE CRIME   10

PAPEL DAS POLÍCIAS X IMPRENSA   12

POR DENTRO DA POLÍCIA MILITAR   14

VIATURAS: UMA LUZ NA APURAÇÃO   18

POR DENTRO DA POLÍCIA CIVIL   21

O X DA QUESTÃO: AS VIATURAS   23

LEI DE ABUSO DE AUTORIDADE   25

POR DENTRO DO CORPO DE BOMBEIROS MILITAR   27

ASSESSORIAS DE IMPRENSA: COMO USÁ-LAS   29

FAMILIARES: TRATE-OS COMO SE FOSSEM VOCÊ   33

A MATÉRIA   35

UM DIA NORMAL

***

Atravessando todo o corredor da redação ainda vazia no início da manhã, o jovem repórter Paulo Lima pega o café e se senta na sua cadeira. Ele tem 23 anos, mas já é daqueles multifuncionais, comuns hoje no jornalismo: apura, escreve e publica matérias para um portal de notícias. Dentro da mesma empresa, sempre é requisitado para ser repórter de TV. O rapaz se interessou ainda na faculdade pela editoria de política: antes mesmo de formado, tinha fontes na Assembleia, na Câmara dos Deputados e na Prefeitura de Salvador, sua cidade natal.

Aquela quarta-feira estava tranquila, afinal, desde as primeiras horas, apenas matérias chamadas de "frias" no jargão dos jornalistas tinham sido publicadas por Paulo no site, onde o jornalista estava alocado. Sentado na redação, via seus colegas chegando e se apossando dos computadores ainda desligados. O que nem Paulo e seus amigos sabiam é que um crime já estava acontecendo em um ponto da cidade e que aquela ação poderia mudar sua carreira para sempre.

As brincadeiras são sempre parecidas. Entre um telefonema e outro, piadas e risadas tornam o dia na redação mais leve. No WhatsApp, Paulo recebe mensagens semelhantes em três grupos, com a etiqueta de encaminhada pelo menos duas vezes pelo mesmo remetente. Mas a história contada parece ser macabra demais para ser verdade. Ela sustenta que quatro taxistas foram mortos por uma facção criminosa. Um quinto trabalhador, que havia sido sequestrado no dia anterior, também seria executado, mas acabou escapando. Pela pouca experiência, Paulo poderia deixar a informação passar e achar que era uma notícia falsa, uma das centenas que são inventadas diariamente por criminosos que tentam colocar pânico na população. Por outro lado, pela vivência, o repórter leva a história para seu editor, Mauro Telhada.

- Mauro, olha essa história.
- Sim - Retruca o chefe de redação, olhando de forma cética para o   celular do colega.
- O que você acha?
O editor chefe, sem pensar duas vezes, responde:
- Você vai para esse local indicado agora. Adeus e me mande notícias.

Nem nos maiores pesadelos do jovem jornalista que gostava de política uma situação parecida já tinha acontecido. Ele jamais havia participado de uma operação policial. Aliás, nunca conversara com Mauro sobre essa possibilidade. Mesmo assim ele estava ali, em direção a uma das histórias mais tristes que já teve conhecimento. A intuição de achar que a informação do WhatsApp era uma brincadeira de mal gosto era mais forte e isso confortou o jornalista.

A intuição estava errada! Em um bairro de população pobre e com casas feitas de madeira, o motorista por aplicativo para seu carro atrás de uma viatura da Polícia Militar que estava sem agentes ao seu redor. O número plotado na traseira – 9.4811 – não quis dizer nada para Paulo. Para ele, eram apenas números.

- Daqui eu não passo mais. Esse é o meu ponto. Se continuar daqui, assino minha sentença de morte. Boa sorte! – Resmunga o motorista que ajudou o repórter a chegar rápido na comunidade.
- Muito obrigado! Seja o que Deus quiser – Responde o jovem.

Como apurar isso e o que eu estou fazendo aqui? Isso Paulo Lima se perguntava a todo o momento enquanto andava em direção a um único policial militar que aparecera na sua frente. O agente, que abria a porta da viatura para pegar uma garrafa com água já esquentada pelo sol, era um soldado de idade avançada e bigode grosso. Por ouvir experiência de colegas, sabia que o militar não ia falar nada. E não disse mesmo. O que o repórter precisava saber naquele momento era onde estavam os corpos dos taxistas.

Se o jornalista tivesse o mínimo de conhecimento de cobertura policial teria percebido alguns detalhes que o ajudariam a desvendar aquele mistério sem a ajuda do PM de bigode grosso. E melhor: mandaria para Mauro uma reportagem detalhada na frente de todos os concorrentes, que naquele momento sequer haviam chegado à comunidade.

E você, será que teria mais "sorte" que o jovem jornalista? Será que conhece todas as ferramentas necessárias para fazer uma boa cobertura policial? Neste livro, vou lhe mostrar alguns pontos que, no lugar de Paulo, te ajudariam.

LOCAL DE CRIME

***

Na maioria das vezes, a polícia chega a um local onde acontecera qualquer crime antes do repórter. Foi o que aconteceu com Paulo Lima. Mas não se engane: a situação inversa também é frequente. É que algumas testemunhas ligam para a imprensa para contar o que aconteceu. Nesse caso, sempre espere a viatura. É mais seguro para você e seu cinegrafista, se tiver.

Também em grande parte das situações, é a Polícia Militar a ser chamada. Em todo o Brasil funciona assim: um denunciante disca para uma espécie de Centro Integrado de Comunicação (na Bahia ele é chamado de Cicom, mas é normal em outros estados terem siglas e nomenclaturas diferentes). Na prática, toda vez que um cidadão liga para o 190, a central observa onde tem policiais próximos e os aciona. A depender da região, mais de uma guarnição – conjunto de policiais – é mandada.

Se Paulo tivesse conhecimento de causa, perceberia que a viatura presente na situação dos taxistas, a 9.4811, já tinha lhe dado um bom indicativo sobre onde começar a apurar (e rápido) o caso: com o comandante da 48ª Companhia Independente. Mais na frente, você vai aprender a patentear essas fontes e onde achá-las. Na prática, é saber a diferença, por exemplo, entre o soldado do bigode grosso que nada fala e o chefe.

Vale lembrar que o Brasil possui quatro instituições ligadas à Secretaria da Segurança Pública (SSP) que lidam diariamente com crimes: as Polícias Militar e Civil, além do Departamento de Polícia Técnica e do Corpo de Bombeiros Militar.

Há ainda, em algumas cidades espalhadas por todo o território do país, as Guardas Municipais, que são responsáveis também pelo patrulhamento nos bairros, mas com foco ainda maior na preservação do patrimônio público, como escolas, praças e postos de saúde.

PAPEL DAS POLÍCIAS X IMPRENSA

***

Essa é uma das questões mais simples e talvez mais polêmicas da relação jornalista x policial. Lembra do soldado que não quis ajudar Paulo Lima? Pois é! Não é raro encontrar policiais civis e militares que não estão dispostos a contribuir com os jornalistas. E não é por culpa deles. É que, por regulamentação geralmente imposta pela chefia da assessoria de imprensa (o Departamento de Comunicação Social – DCS, no caso da PM; e a Ascom, no âmbito da PC), ninguém pode passar informação à imprensa ainda que saiba.

Não é demonizando as assessorias, pelo contrário. Essas determinações, vistas até como radicais por profissionais da área, ocorreram após alguns falarem aos jornais, TVs, sites e rádios situações que não deveriam. Por meio dos "jornalistas-assessores", a notícia passa pela aprovação do departamento.

Mas o outro lado fala mais alto: o jornalismo está cada vez mais dinâmico e com uma concorrência enorme. Cada segundo vale! É aí que entra a boa relação do repórter com o agente da SSP, seja ele qual for ou a qual instituição presta serviço. Nesse momento, o seu conhecimento prévio em relação à fonte e o que ela representa no local de crime pode ser o sucesso da sua reportagem.

Vamos voltar ao caso do Paulo para entender. Se ele identificasse a unidade que estava atendendo a ocorrência, automaticamente ligaria ou procuraria no local o comandante da companhia. Caso ele ainda não estivesse, há outra dica: todas as guarnições policiais militares do Brasil possuem um chefe. Quando você, jornalista policial, chegar a um local e precisar de informações, procure sempre o comandante da guarnição. Não é nenhuma garantia que ele vá te atender, mas é um bom caminho. Para você identificar, é o homem ou mulher que senta no banco dianteiro a viatura, na parte do carona.

Mas e se nem o chefe da companhia, que é um oficial de confiança do comandante-geral da corporação, quiser falar? O que fazer? Aí você deve partir automaticamente para a outra instituição, a Polícia Civil. Isso porque depois que a PM chega no local de crime, como no caso dos taxistas executados, sempre o Serviço de Investigação de Local de Crime é chamado. Ele é composto por um delegado e investigadores da PC. Há também os peritos, ligados ao Departamento de Polícia Técnica, que atuam com a Polícia Judiciária.

Somente nestas duas instituições, o jornalista que cobre assuntos policiais tem fontes diversas. Sempre procure, por parte da Civil, o delegado responsável pelo levantamento. Mas atenção: isso não quer dizer que ele ficará com os desdobramentos do caso. Essa situação acontece apenas em cidades menores, onde há apenas um delegado. Mais na frente, vamos entender como é dividida a Polícia Civil em toda a Bahia para você saber quem pode ser sua fonte.

POR DENTRO DA POLÍCIA MILITAR

***

Chegou a hora de você conhecer a diferença entre cada profissional da segurança pública ligado à Polícia Militar. Isso lhe ajudará a identificar um agente que pode lhe dar uma informação e, mais que isso, você não vai errar a sua posição dentro da corporação. Se o jornalista errar a patente de alguma autoridade, certamente será repreendido e pode "queimar" a fonte, como é dito no jargão.

A divisão das patentes representa, basicamente, a hierarquização – que indica um poder de decisão sobre os colegas -, além da diferença salarial. Em todo o Brasil, os PMs são divididos em dois grupos: praças e oficiais. O primeiro é composto pelos soldados; cabos; sargentos (3º, 2º e 1º) e subtenentes. O outro possui os tenentes (alunos oficiais, 2º e 1º); capitães; majores; tenentes-coronéis e coronéis.

Os cargos de comandantes são todos destinados aos oficiais, que chefiam – no caso da Bahia, por exemplo, - o Comando-Geral, Subcomando-Geral, o Comando de Operações Policiais, as unidades especializadas, os Batalhões e as Companhias Independentes.

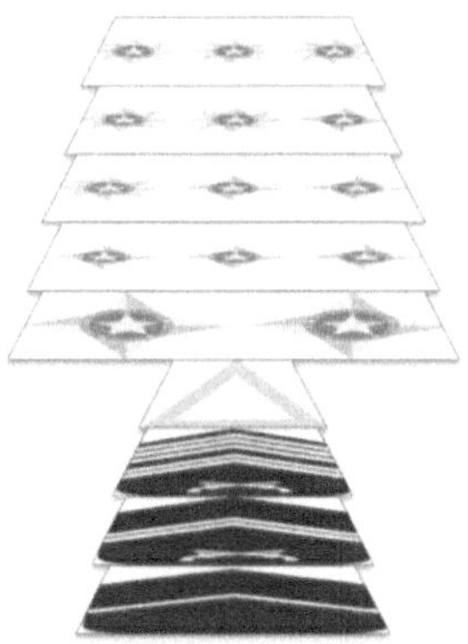

O oficial pode ou não chegar ao chamado coronelato. Você viu acima, em forma de pirâmide, o cargo dos policiais militares em todo o país, com os seus respectivos símbolos. Na prática, eles são encontrados nas fardas dos homens e mulheres que compõem a corporação. Dica: os praças – exceto os subtenentes – não possuem qualquer símbolo sobre os dois ombros. Já os oficiais são identificados justamente por isso.

Agora que você já sabe a patente das suas fontes, precisa saber a quem elas respondem imediatamente. Para o jornalista, essa informação é essencial, já que se o primeiro policial ouvido durante uma apuração não se sentir confortável em contribuir, seu superior pode assim fazer.

Na Bahia, os policiais militares são divididos em comandos de policiamentos. Na prática, o estado foi separado em sete partes: Capital/Região Metropolitana, Norte, Sul, Leste, Oeste, Sudoeste e Chapada Diamantina. Todas essas possuem um coronel como comandante, que fiscaliza Batalhões da PM (BPMs) e Companhias Independentes (CIPMs) que existam nos seus domínios.

Somente a primeira delas – o CPR da Capital/RMS - é subdividida em quatro áreas: Central (bairros do centro geográfico soteropolitano), Atlântico (bairros da orla e alguns adjacentes), Baía de Todos os Santos (localidades do Subúrbio Ferroviário e Centro Histórico) e Região Metropolitana.

Os BPMs, comandados em sua maioria por um tenente-coronel, têm um grande efetivo de policiais e, em consequência, patrulham um território mais extenso. Nestes municípios são instalados os pelotões, que respondem diretamente ao oficial superior. Por outro lado existem as CIPMs. Elas são quase que em suas totalidades chefiadas por um major. As unidades têm um quantitativo menor de agentes em relação aos BPMs e estão em bairros da capital ou pequenos municípios.

Até 2020, a Bahia contava com 15 BPMs operacionais (dois em Salvador e Região) – aqueles que são responsáveis pela segurança efetiva da população - e 99 CIPMs (36 na capital e Grande Salvador). Os números não seguem uma sequência geográfica, mas por inauguração. Exemplo: a 1ª Companhia fica em Salvador, no bairro de Pernambués. A 2ª (Barbalho) e 3ª (Cajazeiras) também são situadas na capital, mas a 4ª já é localizada no município de Macaúbas, enquanto a 5ª compreende a Ilha de Vera Cruz.

Os Batalhões e as Companhias possuem serviços que nem sempre são notados, como é o caso dos CETOs [Companhia de Emprego Tático Operacional] (nos BPMs) e dos PETOs [Pelotão de Emprego Tático Operacional] (nas CIPMs). É raro, mas acontece de essas siglas serem encontradas em palavras diferentes nas unidades espalhadas pelo território da Bahia, a exemplo de Pelotão de Emprego Tático Ostensivo. Na prática, o CETO e PETO são guarnições que fazem um serviço mais especializado no combate à criminalidade.

Outro grupo também presente nas unidades é chamado de Serviço de Inteligência, o Soint. Nele, também chamado de P2, os policiais trabalham sem farda e em viaturas descaracterizadas para fazer algum tipo de investigação ou levantamento na região.

Os policiais que atuam no serviço que o jornalista também encontra nas ruas podem estar lotados nas unidades especializadas, sendo: o Batalhão de Polícia Rodoviária; as Companhias Independentes de Policiamento Tático e Especializado (CIPT –

Rondesp's e CIPE); as Rondas Escolar e Maria da Penha; o Batalhão de Choque; a Operação Gemeos; a Companhia de Proteção Ambiental; o Esquadrão de Polícia Montada; o Batalhão de Polícia de Guardas; o Batalhão Especializado em Policiamento de Eventos; o Batalhão Especializado em Policiamento Turístico; o Grupamento Aéreo; a Operação Apolo; o Esquadrão de Motociclistas Águia e o Batalhão de Operações Policiais Especiais (BOPE).

VIATURAS: UMA LUZ NA APURAÇÃO

***

Figura 1 - Viatura da Rondesp, unidade especializada da PM da Bahia. Divulgação/Rontam

Figura 2 - Viatura de unidades não especializadas da PM da Bahia. Divulgação/Rontam

Observe nas imagens que as viaturas da PM da Bahia possuem cores diferentes. As azuis são as mais comuns de serem achadas nas ruas, ou seja, não pertencem a qualquer unidade do

Comando de Policiamento Especializado. Já as demais, a exemplo das marrons, servem ao CPE. Mas como o jornalista policial pode checar a unidade da corporação que está atendendo alguma ocorrência?

Todos os veículos oficiais da instituição possuem duas formas de identificação. A mais fácil delas é a parte lateral traseira – observe na figura 1. Nela, estará sempre escrito o número da companhia (ou unidade especializada) com o respectivo nome.

Além disso, há outra possibilidade: pelos números, que possuem cinco dígitos. Apesar de parecer mais complicado, pode ser útil na lida diária do repórter que cobre a editoria policial. Dos cinco dígitos, o primeiro sempre vai dizer se a viatura é de uma especializada, Batalhão ou Companhia. Os números 8 e 9 são os mais comuns, sempre encontrados nos veículos que possuem a cor azul. O 8 indica que o automóvel pertence a um BPM, enquanto o 9 quer dizer que ele é lotado em uma CIPM.

Os quatro numerais seguintes revelam a unidade e "ordem". Recorda-se da viatura que Paulo Lima viu na região onde os taxistas tinham sido mortos, a 9.4811? O 9 poderia dizer para ele que a guarnição que ali estava era de uma Companhia Independente, enquanto o 48 mostra que é da 48ª CIPM, viatura 11.

As demais numerações dos carros oficiais são mais raras de serem encontradas no dia a dia, mas agora você já sabe que os prefixos começados entre 1 e 7 indicam que os policiais presentes naquele local fazem parte de uma unidade especializada da PM.

O jornalista que cobre assuntos policiais precisa desmistificar dois extremismos que porventura pense: sobre o policial militar ser culpado por 100% das ações violentas nas cidades, responsáveis por agressões e até homicídios. Do outro lado, precisa saber que nem todos representam a função essencial do seu trabalho. Não é raro nos noticiários a informação sobre a prisão de funcionários da segurança pública envolvidos com venda de armas, tráfico de influência, agressões nas ruas e outros crimes.

Para a investigação destes e quaisquer outros casos foram criadas as corregedorias.

No caso da Polícia Militar, é sempre comandada por um oficial, que possui no seu quadro outros policiais que comandam investigações internas. Para o jornalista policial, é necessário saber que raramente estas investigações são vazadas. A única forma de cobrança, nestas situações, é somente pelo próprio Departamento de Comunicação Social. Mas isso não lhe impede de conseguir outras fontes fora da corporação, como familiares de possíveis vítimas.

Para isso, imagine que o jornalista Paulo Lima (aquele do início deste livro) seja procurado na redação por uma pessoa que perdeu um parente durante uma ação policial. A fonte o ofereceu um vídeo que mostra um agente agredindo e executando a vítima. Bom, neste caso ele tem uma matéria que pode repercutir bastante em mãos, mas precisa orientar os familiares da vítima a procurar a corregedoria. A partir daí ele não vai mais receber detalhes oficiais sobre as investigações policiais.

Dica: quando o repórter receber qualquer imagem de agressão policial precisa saber, no primeiro momento, onde teria acontecido. Para isso, sempre observe se aparece o número da viatura no vídeo, como você viu no em um capítulo acima. Isso sempre vai dar um bom caminho a apuração.

Nesse caso do exemplo, como houve um homicídio, a situação também é acompanhada pela Polícia Civil, por meio da Delegacia de Homicídios. O órgão também elabora um inquérito sobre o crime e envia para o Ministério Público, que recebe também as páginas investigatórias feitas pela PM.

Cabe aos promotores do MP a decisão sobre os policiais envolvidos na ação serem ou não denunciados à Justiça. É comum os agentes serem afastados das ruas até a finalização do processo.

POR DENTRO DA POLÍCIA CIVIL

***

A instituição, também ligada à Secretaria da Segurança Pública, é diferente da PM na sua essência. Chamada também de Polícia Judiciária, é responsável por investigações de todos os níveis e por oferecer esses casos ao Ministério Público e à Justiça, como consequência. Por exemplo: todas as vezes que um suspeito é preso em flagrante, precisa ser apresentado a uma autoridade ligada à PC.

Para dar conta de todo esse trabalho, os homens e mulheres são divididos, na Bahia, em Coordenadorias, Departamentos e Delegacias Territoriais. Em Salvador e outras cidades maiores do interior (como Feira de Santana, Vitória da Conquista e Itabuna, por exemplo), os repórteres que cobrem assassinatos são remetidos sempre ao Departamento de Homicídios e Proteção à Pessoa (DHPP).

Um fato que o jornalista precisa ficar atento: a capital foi dividida usando a mesma lógica da Polícia Militar (em Central, Atlântico e Baía de Todos os Santos). Para ficar claro: um homicídio que ocorrera em algum bairro da região Central será apurado pela Delegacia de Homicídios/Central.

Na Polícia Civil não há patente, mas existe diferença nos cargos, que são: delegados – sempre responsáveis por "comandar" as investigações. Muitos falam com a imprensa, mas isso não garante sua fonte, uma vez que não são obrigados -; investigadores e escrivães.

O fato de não existir patente dentro da corporação não quer dizer que não existam delegados exercendo cargos de chefia. Pelo contrário, afinal os estados brasileiros possuem um delegado-chefe e um adjunto.

Na Bahia, eles são responsáveis, nesta ordem de importância, pelos Departamentos – são cinco em todo o estado, responsáveis por investigar crimes específicos e delegacias especializadas no combate a essas ações -; Coordenadorias – são 26 situadas em cidades maiores do interior para comandar as delegacias da região – e Delegacias Territoriais. Nestas últimas, os delegados, investigadores e escrivães lotados recebem queixas, dão flagrantes e investigam casos que ocorreram no bairro ou cidade que lhe competem.

Ou seja, jornalista policial, se você está querendo saber sobre a prisão de um rapaz que mandou matar a amante no município de Ipirá (se localize no mapa, a 210 quilômetros de Salvador), vai precisar falar com o delegado da cidade. Caso ele não esteja autorizado a falar, vá para seu superior: o titular da Coordenadoria da região, que, neste caso, é localizada em Itaberaba. Ou seja, suas possibilidades de apuração são mais amplas do que parecem.

Por fim, a Polícia Civil também possui sua própria corregedoria, que é semelhante à da Polícia Militar. A diferença é que um delegado é o responsável por investigar os colegas que tenham cometido algum crime.

O X DA QUESTÃO: AS VIATURAS

***

Figura 3-Viaturas da Polícia Civil com identificações em letras. Alberto Maraux/Secretaria da Segurança Pública da Bahia

Assim como os carros da PM, os automóveis da Polícia Judiciária precisam ser identificados. A lógica, porém, é um pouco diferente. A principal delas é que todas as viaturas da Polícia Civil da Bahia – aquelas com plotagem – são encontradas somente na cor azul, exceto as pertencentes à Coordenadoria de Operações Especiais (COE), que são pretas.

Outra distinção é a forma. Enquanto as unidades da Polícia Militar têm apenas números nas viaturas, as da PC existem letras. Nas ruas são mais comuns de encontrar as letras I, A e X. A primeira indica que o carro pertence a uma Coordenadoria de Polícia Civil do Interior. Exemplo: se, durante uma cobertura de crime no interior da Bahia, o jornalista observar uma viatura com o prefixo I 0307 já vai perceber que aquele é o carro 7 da 3ª Coorpin.

Aquelas que começam suas identificações pela letra A servem às Delegacias Territoriais de Salvador e Região Metropolitana. O carro A 1300, por exemplo, é da 13ª Delegacia (DT/Cajazeiras).

Por fim, as viaturas que possuem identificação começando pela letra X geralmente são ocupados por servidores lotados no Departamento de Homicídios e Proteção à Pessoa.

Mas atenção: é comum achar durante as coberturas jornalísticas viaturas com numerações que fujam desse padrão por conta da região do estado onde você esteja, porém uma boa dica é observar, já que todas possuem identificações nas portas ou na parte lateral traseira.

LEI DE ABUSO DE AUTORIDADE

***

No início de 2020, começou a valer em todo o país a Lei que regulamenta algumas ações que envolvam presos, sejam eles em flagrante ou não. O texto traz uma série de regras que devem ser seguidas pelos agentes públicos de qualquer força de segurança.

A novidade impactou forte no trabalho do jornalismo policial, uma vez que as autoridades não podem, basicamente, divulgar fotografias e até mesmo o nome dos suspeitos.

Antes da Lei de Abuso de Autoridade, os presos eram entrevistados – para dar sua versão sobre o caso –. Suas informações, então, eram confrontadas com a autoridade, geralmente o delegado.

Ainda é muito cedo para saber como a Lei tem interferido no trabalho dos repórteres, mas já podemos nos adiantar. Na prática, os policiais não podem "soltar" essas informações, mas nada impede que os jornalistas possam divulgar. É aí que entra o trabalho de apuração. Uma boa fonte pode ser o advogado do suspeito.

Além desta Lei, há outras questões jurídicas que, de vez em quando, o jornalista se depara. Primeiro, é preciso que todos saibam a diferença entre suspeito e acusado.

É considerada suspeita a pessoa investigada por qualquer crime, mas que ainda haja poucos indícios sobre a autoria. Já a figura do acusado aparece depois que todo o inquérito é finalizado e encaminhado à Justiça pelo Ministério Público.

Para efeitos jornalísticos, é importante que o repórter não confunda suspeito e acusado, afinal não é raro uma pessoa ser investigada por qualquer situação, mas acaba inocentada.

POR DENTRO DO CORPO DE BOMBEIROS MILITAR

***

Ainda perdido naquela quantidade de policiais militares, civis e técnicos que chegavam a todo o momento, Paulo Lima já tinha, naquele instante de sua apuração, mandado algumas informações para Mauro Telhada do que ele já tinha observado na região onde os taxistas teriam sido achados. O relógio digital do celular marcava quase 11h quando a primeira equipe de TV chegou.

- O que já temos? Os corpos estão onde? – Perguntou, esperando uma resposta detalhada, o experiente repórter César Bretas ao colega.

- Não faço ideia – Resumiu Paulo.

- Estou vendo naquele canto o comandante da Polícia Militar responsável aqui pelo bairro. Vamos ver o que ele sabe e se já pode entrar no link ao vivo que vamos fazer daqui a 30 minutos – Sustentou Bretas, com um tom de certeza na voz.

Naquele momento, chegava à região uma viatura do Corpo de Bombeiros. Paulo tinha uma ideia que os integrantes da corporação só andavam nos caminhões vermelhos e barulhentos, mas não era isso que estava ocorrendo ali. Os bombeiros estavam em uma caminhonete, sem escadas. O que estaria acontecendo?

- Agora ficou ainda melhor. Os bombeiros chegaram e é

sinal que tem corpo para ser resgatado em algum lugar de difícil acesso. É isso que queremos! Faltam 20 para o ao vivo - Comemorou o experiente César.

E é realmente isso que acontece. Sempre que é necessário algum resgate difícil, o Corpo de Bombeiros é chamado. O caso dos taxistas que estamos acompanhando desde o início deste livro é um exemplo, mas é comum a presença de viaturas da corporação em locais de acidentes.

Na Bahia, a instituição é dividida por grupamentos, localizados nas maiores cidades. Um dos mais importantes deles é o chamado GMAR, que faz buscas em mares, rios e cachoeiras em todo o território.

O CBM é, obviamente, militar e segue as mesmas regras de patente da Polícia Militar. Vamos relembrar quais? São praças (soldados, cabos, sargentos e subtenentes) e oficiais (tenentes, capitães, majores, tenente-coronéis e coronéis) chefiados por um comandante-geral e subcomandante-geral.

Em alguns estados, como na Bahia, a PM e o CBM são separados. Isso quer dizer que algumas normas internas podem ser diferentes entre as duas instituições. Porém, o escopo é bem semelhante, incluindo a corregedoria, que investiga a conduta dos bombeiros que porventura tenham cometido algum crime ou infringido alguma regra no âmbito ou não do seu trabalho. Como possui pouco mais de 2 mil homens e mulheres no estado baiano, tem menos casos acompanhados pela corregedoria em relação à PM.

ASSESSORIAS DE IMPRENSA: COMO USÁ-LAS

***

Há alguns capítulos, houve citação à nem sempre amistosa relação entre os jornalistas que cobrem a editoria policial com as assessorias das instituições ligadas à Secretaria da Segurança Pública.

É preciso dizer que os assessores são importantes na prática da rotina, afinal disponibilizam fontes, informações e pautas que podem repercutir por vários dias. Mas por qual motivo, de vez em quando, há insatisfação? Simples: porque dá ainda mais credibilidade sair na frente, os tão famosos furos de reportagem. Quem não gostaria de informar primeiro aos seus leitores, internautas ou ouvintes a chacina de quatro taxistas? Apesar de serem jornalistas, os assessores representam os interesses de uma instituição.

Eles também precisam ter cuidado na apuração e divulgação das informações. Imagine a seguinte situação: a assessoria da PM informa que eram quatro motoristas de aplicativo ao invés de taxistas no caso que estamos exemplificando aqui desde o início. Seria ruim para todos.

Todas as instituições que já foram citadas neste livro possuem assessorias. Como as Polícias Militar, Civil e Corpo de Bombeiros da Bahia podem ajudar ainda mais na prática do jornalismo policial e quando você, enquanto repórter, pode acioná-las?

Na PM, há praças e oficiais lotados no chamado Departamento de Comunicação Social baiano. Eles recebem as demandas de vários veículos diariamente via e-mail e responde a todos na medida do possível.

O repórter pode acionar o DCS para saber acerca de crimes que estão ainda no seu estágio inicial, afinal a corporação é quase sempre a primeira a chegar a um local de crime, se recorda? Também autoriza ou não entrevista com policiais, geralmente oficiais, que estão à frente de alguma ocorrência. Casos de agressões envolvendo policiais militares também podem ser solicitados ao departamento.

Atenção: por ser uma instituição mais imediatista, é raro que as notas oficiais sobre assassinatos, por exemplo, tenham informações muito detalhadas, afinal as investigações ficam a cargo da Polícia Civil. Por isso, o bom jornalista precisa ter outras fontes, a exemplo de testemunhas e familiares de vítimas. O trabalho do jornalismo *in loco* é importante para isso.

Veja abaixo o exemplo real de uma nota escrita e apurada pelo DCS da Bahia. O jornalista solicitou informações sobre um homicídio no Subúrbio Ferroviário de Salvador.

Na madrugada deste domingo (26), por volta das 1h05, policiais militares da 14ª CIPM foram informados pelo Cicom de que um homem foi atingido por disparos de arma de fogo e não resistiu aos ferimentos. O fato aconteceu na Rua E, no bairro de Alto do Cabrito, Subúrbio. No local, a guarnição da PM realizou o isolamento da área e acionou os agentes do Departamento de Polícia Técnica (DPT) para perícia e remoção do corpo. Para mais informações contatar a Polícia Civil que investigará o crime.

***

Já a assessoria de imprensa da Polícia Judiciária na Bahia não é feita por policiais civis. Eles atendem a imprensa por meio de e-mail e também telefone.

O repórter pode acionar os colegas da PC para investigar os casos que estão em andamento. Na situação dos taxistas que foi coberta pelo repórter Paulo Lima, por exemplo, o jornalista convocaria a Ascom para saber o nome das vítimas e o que foi descoberto ainda na região pelos agentes do Serviço de Investigação de Local de Crime.

A assessoria também ouve delegados para enviar informações à imprensa sobre prisões importantes que tenham acontecido em toda a Bahia. É responsável ainda por marcar entrevistas, que foram reduzidas depois da Lei de Abuso de Autoridade.

Nas próximas linhas você vai ver uma nota apurada e distribuída à imprensa pela Ascom da PC baiana. O exemplo é de uma ocorrência que realmente aconteceu e acabou vitimando um policial militar.

Dois suspeitos de envolvimento no latrocínio do policial militar Fábio Silva de Assis, de 39 anos, já estão presos. Um deles, de 33, teve o mandado de prisão temporária cumprido nesta terça-feira (28), no Departamento de Homicídios e Proteção à Pessoa (DHPP).

O crime ocorreu na noite da última quinta-feira (23), em um mercadinho, no bairro de Luís Anselmo. O outro envolvido, um homem de 26 anos, foi preso por policiais da Operação Gemeos, em Peripiri e já teve o flagrante convertido em prisão temporária.

Imagens de câmeras de segurança do estabelecimento mostram quando os suspeitos entram no local e um deles aborda o policial, que reage e é baleado. O PM, que estava de folga, teve sua arma, uma pistola ponto 40, levada pelos assaltantes.

De acordo com o titular da Delegacia de Homicídios Múltiplos (DHM), delegado Odair Carneiro, os criminosos haviam assaltado uma padaria no mesmo bairro, momentos antes do latrocínio do policial. "Seguimos com as investigações para identificar outros envolvidos na ação", acrescentou.

***

Por fim, temos a assessoria de imprensa do Corpo de Bombeiros, que possui oficiais da corporação, além de um jornalista civil. Pode ser acionada para atender demandas sobre incêndios, deslizamentos de terra com vítimas desaparecidas ou até mesmo acidentes automobilísticos que tenham precisado da ajuda dos agentes.

A Ascom do Corpo de Bombeiros, assim como as outras duas, é responsável por marcar entrevistas com os militares, quase sempre os oficiais, para falar de assuntos diversos que estejam no âmbito da instituição. Em locais de incêndio, por exemplo, o jornalista pode usar a mesma dica dada em relação à Polícia Militar para conseguir uma informação: identificando o comandante da guarnição ou o oficial de mais alta patente na área.

FAMILIARES: TRATE-OS COMO SE FOSSEM VOCÊ

***

Já passava das 13h e o calor fazia pingar suor do rosto de Paulo Lima. Naquele momento, várias viaturas e carros de imprensa estavam estacionados em um campo de futebol onde ele fora o primeiro a chegar. Já tinha mandado duas suítes para Mauro Telhada, mas o editor queria uma última: o depoimento de um familiar de um dos taxistas encontrados mortos. Não era uma tarefa fácil, pensou o jornalista consigo. Naquele momento, desembarca de um táxi uma mulher e uma criança, ambos chorando muito.

- O que fizeram com o meu marido? - Gritava ao lado do corpo já resgatado pelo Corpo de Bombeiros e deixado próximo à viatura do Departamento de Polícia Técnica.

- Calma, senhora. Não pode se aproximar do corpo e se fizer isso serei obrigado a retirá-la desse local. Como vamos decidir? – Resmunga o policial militar que faz o isolamento da região.

Observando atentamente aquela cena, Paulo se aproxima da mulher, que tem aproximadamente 40 anos, e faz uma afirmação:

- Já sabemos que ele foi trazido pra cá por dois passageiros que pediram uma corrida. Depois, foi torturado dentro de um barraco de madeira e, enfim, recebeu vários tiros.

- Quem é você, um policial, por acaso? – Retruca, nervosa.

- Não, mas se fosse diria exatamente isso à senhora e ao seu filho. Sou jornalista e queria conversar um pouco com você sobre seu marido. Será que posso? São algumas perguntas rápidas – Disse Lima em uma última tentativa de conseguir mais uma reportagem exclusiva.

- Moço, eu não quero. Meu marido acabou de morrer e não estou com cabeça para isso – Finalizou.

Não é raro o jornalista que produz reportagens na área policial encontrar familiares de vítimas ainda na localidade onde o caso aconteceu. Isso ocorre geralmente nos homicídios. O diálogo entre Paulo Lima e a esposa de um dos taxistas mortos foi pacífico para a situação que ela e seu filho passavam naquele momento, mas nem sempre é assim.

Os repórteres precisam saber até que ponto vale uma matéria, um depoimento. Para isso é preciso fazer uma dolorosa reflexão: se eu estivesse no lugar dele, o que falaria para o jornalista? Seu trabalho é tentar, perguntar, mas sem insistir. Lima, na situação dos taxistas, se mostrou cauteloso em relação à viúva do trabalhador.

Na prática da profissão, que às vezes foge daquela que todo jornalista aprende na faculdade, não existe uma técnica para entrevistar pessoas em luto, seja no local de crime ou mesmo durante os enterros. Então, a palavra de ordem é respeito.

A MATÉRIA

***

Será que o repórter de site Paulo Lima, sabendo destas dicas, faria uma boa reportagem sobre a execução dos quatro taxistas em Salvador? Não sabemos, afinal é um personagem fictício.

Resolvi, utilizando o exemplo dado desde o início deste livro, escrever uma matéria – inicial, ainda sem suítes - que pode guiar jornalistas que gostam ou até mesmo são curiosos pela editoria.

O texto abaixo não é um modelo, afinal há diversas formas de escrita, de contar uma história propriamente, mas é um exemplo a ser baseado por aqueles que, hoje, não possuem uma base sequer.

***

Quatro taxistas identificados como (NOME A), (NOME B), (NOME C) e (NOME D) foram executados no bairro do (LOCAL), em Salvador. O caso, confirmado pela Polícia Militar, aconteceu na manhã desta quarta-feira.

O comandante da 48ª Companhia Independente da PM (CIPM), major (NOME), informou que os agentes foram chamados por volta das 6h. Chegando ao local indicado, localizaram as vítimas já sem vida. "Todos os taxistas estavam dentro de um barraco de madeira, amarrados. Chegamos a fazer uma operação na área para tentar localizar os suspeitos, mas ninguém foi preso", destacou o oficial ainda no local da chacina.

O caso está sendo investigado pelo Departamento de Homicídios e Proteção à Pessoa (DHPP), por meio da Delegacia de Homicídios Múltiplos. Por nota, a assessoria de imprensa da Polícia Civil não deu detalhes das apurações, mas disse que pelo menos duas hipóteses estão sendo levadas em consideração para explicar o caso.

Uma das linhas sustenta que os trabalhadores foram atraídos, por meio de uma chamada por aplicativo, por um homem que chefia o tráfico de drogas na área. A informação foi dada ainda na região das execuções pelo delegado responsável pelo Serviço de Investigação de Local de Crime (SILC), (NOME). "A motivação ainda não é esclarecida, mas o nosso principal alvo já está sendo procurado pelas equipes", sustentou.

Os corpos dos taxistas foram levados para o Instituto Médico Legal (IML) de Salvador e devem seguir para enterro até esta sexta feira.